海印을 찾다
해 인

국립중앙도서관 출판시도서목록(CIP)

海印을 찾다 : 이완순 시집 / 지은이: 이완순. -- 대전 : 오늘의문학사, 2014
p. ; cm. -- (문학사랑시인선 ; 31)

ISBN 978-89-5669-612-6 03810 : ₩10000

한국 현대시[韓國現代詩]

811.7-KDC5
895.715-DDC21 CIP2014011811

문학사랑시인선 31

海印을 찾다
해 인

이완순 시집

오늘의문학사

| 책머리에 |

海印을 찾아 길을 나섰다.
물질에 집착한 삶을 살지는 않았어도
물신에 끄잡혀 산 것은 사실이다.
내 생각에 대한 집착은
오히려 내 가슴에 깊은 상처를 남겼다.

돛단배는
바람에 떠밀려가는 것이 아니라
바람을 안고 가는 것이다.
나는 시류에 편승하지 않고,
시대를 거스르는 일 없이 살아갈 것이다.

내 것에 집착하지 않으면
성낼 일도 악의 유혹에 빠질 위험도 없다.
시대의 아픔을 안고 당당하게 걸어갈 것이다.

풀꽃 하나하나에도 이야기가 있다.
사랑스런 눈으로 바라보고,
그들의 이야기에 귀를 기울이며,
세상의 모든 생명이 소중히 안고 사는 것을

결코 가벼이 넘기지 않으리라.
그들의 가슴 깊은 곳에 자리 잡은 슬픔을 위로하고,
아픈 곳을 어루만져 주는 가슴이 따뜻한 시인이 되리라.

사람들이 사는 모습은 늘 썰렁하다.
내 것에 방점이 찍혀있기 때문에
나 외에는 아무 것도 보지 않는다.
내 이익에 관련이 없는 너는 어디에도 없다.
그래서 강력한 이미지가 담긴 글을 구상한다.
아름다움도 좋지만 사상이 없다면 죽은 것이다.

나를 지켜봐 주신 분들께 감사를 느린다.
칼끝을 닮은 내 성깔로 상처를 입은 사람에게
사죄의 의미로 이 시집을 헌정한다.
삼독을 물리치고, 나만의 진정한 삶을 위해
지금 이 순간을 즐길 수 있다면
해인을 찾은 것이 아닌가?

2014년 3월 無恤齊에서

| 차례 |

| 차례 |

시조 _ 제2부 해탈

| 차례 |

시 _ 제3부 낮달맞이꽃

| 차례 |

시 _ 제4부 현대의 군상

시조… 제1부

봄

봄

개울에
발 담그고
살포시 웃는 버들

허욕에
잡힌 시름
봄볕에 태우면서

겨우내
가슴에 품은
물아일체 넘보네

초봄

태풍에
허리 꺾인
개살구
옛 등걸에

삽상한
바람 불어
꽃눈이 얼비치고

산
돌아
흐르는
개울
새로 난 듯
홍겹다

4月의 봄

미륵의
미소처럼
선하게
웃는 산 벚

숲속에
작은 요정
진달래
곁에 두고

세상의
온갖 시름을
안고 우는
소쩍새

첫 사랑

바람이
지나가는
길목에
지켜 서서

눈인 양
흩날리는
시간의
넋을 줍다,

눈물로
부둥켜안는
어린 날의 하얀 꿈

저녁놀

산 빛을
깨치고서
하늘이 불타는데

연초록
가지 끝에
실바람 춤을 추고

노을에
붙들린 영혼
도솔천을
거니네.

자귀나무 꽃

누이의
연지솔로
발그레 엇꾸미고

바람의
유혹마저
미소로 비껴가며

칠팔월
불볕더위에
맨얼굴을 내민다

허욕을
움켜쥔 손
해질녘 떨어내고

얽히고 얽은
인연
선禪으로
풀어내며

산비탈
길섶에 서서
선연하게 웃는다

능소화

하늘도
풀지 못한
운명의 소용돌이

온 밤을 서성이다
여명에 타오르는

열여섯
어린 궁녀의
낮달 같은
그리움

고통의
섞사귐을
부도婦道로
견뎌내며

선도禪道에
들어가서
지은 업業 불사른다,

단 한번
입은 승은을
목숨처럼 받들고

애기똥풀

아가야
어서 오렴
귀여운 내 강아지

박복한 어미 만나
서러운 가난치레

그 풍상
어찌 다 잊고
봄빛처럼 웃느냐

호란에
아비 잃고
연거푸 흉년들어

가혹한 보릿고개
무시로 젖배 곯아

눈물로
어미 손 놓고
저승으로 떠났지

샛노란 꽃이 달린
여린 줄기 꺾으니
어미의 치마에 눈
생명 앗은 노란 똥물

예쁘게
환생한 풀꽃
오뉴월을 울리네

박꽃

소쩍새
슬피 울어
어둠이 머뭇머뭇

고적한 초가삼간
단장의 호곡소리

망부亡夫의
한을 달래는
피토하는 진혼가

아홉수
넘지 못해
지레 간 황천길에

새 하얀 모시 적삼
지붕 위 펼쳐 놓고

망부의
넋을 붙잡는
청상과부
초혼례招魂禮

섬초롱꽃

애증을
벗기 위해
선禪하듯
눈을 감고

탐심이 잦아들어
피안에 들 때까지

가슴에
깃든 죄업을
소리없이 태우나

초여름
어슬한 밤
초롱에 불을 밝혀

구천을 헤매는 넋
깨끔히 씻어내어

한 세상
함께 한 연을
다소곳이 품누나.

할미꽃

성그레
고운 미소
슬픈 듯
숫된 자태

연녹색 치마폭에
실 향기 숨기우고

마파람
이슬에 젖어
아침 해를 흔드네

서방님
시묘 살이
등 굽어 보낸
세월

한 많고
설움 깊어
백발도 성깃하고

이운 봄
저문 햇살에
고된 인업因業
사르네

가을 스케치

강물을 따라 걷는
소소한 바람결에

부스스 잠을 깨는
샛노란 달맞이꽃

더불어
싱글거리는
자주빛갈 나팔꽃

하늘을
배회하던
흰 구름
내려와서

산 어름 넓은 沼에
스르르 잠이 들고

갈대밭
참새 더불어
노래하는 억새꽃

들국화

비바람
끌어안고
가슴에
햇살 담아

청빈한
꿈을 꾸며
선비로
거듭났네

해맑은
부처의 미소
부러울 것 없어라

가을 단상

가을이
올 듯 말 듯
하늘은 푸르러라

계족산
고개턱엔
단풍이 오다 말고

한가한
바람소리만
지싯거려 얄밉다

푸른 낙엽

가을비 추적추적
가슴에 내리는데

은행잎 서너 장이
서재로 날아드네

젊은 날
이승을 떠난
내 친구의 편진가

성근 꿈 접어두고
처자식 외우 둔 채

우레와 다름없이
성급히 떠난 친구

이십 년
넘긴 이제야
내 슬픔을 아는가

황혼

쫓기고
쫓아가다
노을에 잡힌 파도

무동을
타는 듯이
바람을
타고 논다

시름을
내려놓으니
모든 것이
새롭다

시조 … 제 2부

해탈

윤회

어제가
오늘이고

오늘이 내일이라

맞물려
돌아가는
억겁의
수레바퀴

반야般若를
보지 못하면

내 죄
네 죄
섞인다

해탈解脫

산문山門을
들어서다
무심코 돌아보니

눈 뜨면
분탕질에
만나면
물고 뜯고

수라修羅의
망집妄執에 잡혀
영혼 팔아 살았네.

삼독三毒에
혼 내주고
공명에
눈 귀 멀어

지나온
구비마다
넘치는
슬픈 회한

크고
긴
이승의 죄업
중음에선
벗을까

무녀의 춤

하늘이
내려주신
겨레의 숨결 모아

맺힌 한
풀어내어
춤사위 엮어내고

각박한
세상살이를
너울너울 넘누나.

절벽이
가로막나
벙긋이 돌아서며

나는 듯
접어올린
천상의 시나위여

원冤
풀고
한을 불살라
쌓은 업을 씻누나.

임종

뉘에게 잡히셨나?

사랑이 그리운가?

못다 푼 미운 정을
업으로 엮으시나?

열반에
들지 못하고
고통 하는 어머니

질기고 질긴
인업因業
살면서
맺은 인연因緣

조용히 내려놓고
사랑도 접어두고

천상계天上界
환생을 위해
맺힌 마음 푸소서.

* 因業 : 인연에 의하여 과보를 맺는 운명 Karma

염원

반만년
역사에서
지우고픈
천년 세월

대륙을 휘어잡던
조선의 얼을 살려

통일로
우뚝 서는 날
홍익인간 펼치리.

미일美日의
입을 막고
중국의 손 발 묶어

중원에
자리 펴고
천제를 올리는 날

천손의
드높은 기개
온 세상이 섬기리.

아아, 청산리

독립을 위한 충정
뉘라서 막을 손가

악귀와 손을 잡고
내 동포 유린하는

만주군
절멸을 위해
한 마음이 되었네.

천혜의 지형지세. 안개를 이용하여

적진에 숨어들어 자중지란 일으키고

열 배가 넘는 적군을 먼지 털듯 쓸었네

추위와 굶주림에
저승 문 넘나들며

천세天世에
길이 빛날
승리를 거두었네

이보다
귀한 승리는
만세에 더 없으리

* 天世 : 하늘과 세상의 합성어

한겨레 만세

반만년
역사에서
편한 날 있었는가

무시로 넘나드는
오랑캐 제압하고

당당히
우뚝 선 민족
사람다운 한겨레

중국의
동북공정
일본의
독도 야욕

잘못된
역사의식
내놓고 춤을 추나
언젠가
저 오만 꺾고
하늘 높이 날리라

한국, 2013

관리의 호색증好色症에
치도곤 당한 法治

꼼수를 부리다가
조정력 잃은 政治

더러운
권력의 횡포
어디까지 갈 건가

도덕성
제쳐놓고
경제만 노리더니

양극화
심화 되고
부정이 판을 치네

어쩌다
천손의 땅이
도둑소굴 되었나

말 따로
행동 따로
손 따로
눈 귀 따로

썩은 곳
없애려면
민족이 거덜 날 판

천제여
굽어살피사
다시 서게 하소서

한류

문명에
드리운 넋
조용히 걸어들고

역사를
천착 하여
민족혼 되찾아서

한문화韓文化
그 웅대함을
전 세계에 전하리

해인海印을 찾다

시간이
바람이면

내 넋은
돛이 되리

망망한
난바다에
기루로
떠돌아도

삼독을
이기고 가면
적멸보궁 이르리.

호수의 노을

노을을
품은 하늘
호수에 드러누워

실바람
건너오니
황홀한 장미꽃밭

상생은
상극의 조화
자연에서 배운다

남간정사에서

시국이
난삽하여
둘러본
남간정사

우암의
올곧은 얼
송자宋子로
추앙하네

우리도
갈고 다듬어
천손天孫의 꿈
이루리

해변에서

정념이 타오르는
노욕의 미친 환상

파도에 휘감기는
끝 모를 진한 번뇌

노을에 비낀 슬픔을
앙가슴에 담는다

九天이 어디인가

세상이 九泉인가

어렵게
얻은 시간
헛것에 휘둘리어

萬祥을

뒤로 돌리고

허영허영

걷는다

* 九泉 : 저승

* 九天 : 불교에서 말하는 아홉 하늘, 황천

* 萬祥 : 온갖 상서로운 일

봄비

대지가 몸을 푼다
만물이 춤을 춘다

겨우내
굳은 여울
돌돌돌 노래하고

마파람
걸어온 호수
새살새살 웃는다

창생이
하나 되어
하늘에 감읍하나

소원한
봄비 소리

나 홀로 외로워라

선禪으로
지은 업業 풀고
거듭나면 좋으리.

덴빈

텃밭에
오이 상추
토담 위 호박넝쿨

거칠게 몰아다가
수구에 팽개치고

도깨비
재주를 넘듯
왁자그르 웃는다

* 2012년 14호 태풍

볼라벤

무참히
허리 꺾인
노송을 바라보며

절제와
외경심을
가슴에 새기는데

소나기
바람에 실려
톱질하듯 내리네.

* 2012년 15호 태풍

시 … 제3부

낮달맞이꽃

물안개

강은 산을 따라 흐르다,
크고 작은 마을 이루어
사랑 나누어주고
넓은 벌을 만나면
산그늘에 오두마니 앉아
운명처럼 하늘을 받아들인다

구름이 흘러들면
구름을 안고
바람이 오면
말없이 바람을 품는다

고개 넘어 해가 지면
강은 홀로 남아
아침 해 다시 올 때까지
하늘이 그리워 물안개를 만들고
하늘 맞닿도록 키워
마침내 하늘과 한 몸을 이룬다

강변을 거닐며

빙판 위를 걷듯
가슴을 끌며 걷는다
예전엔 그래도
갈대의 갈채라도 있었는데
으스름한 초저녁에
모두가 하나 되어 흐느끼고 있다

먼 산을 바라보면
주홍빛 홑적삼을 걸친 여인이
시시로 바람이 불 때마다
두려워 조금씩 먹물을 토한다
산그늘에 묻힌 강은
조용히 깊어지며 하늘을 품는다

눈을 감고 걸으며
가만히 그녀를 불러본다
가슴에 추억 한 자락을 깔고

박꽃 같은 미소를 지어 날린다.
나의 존재를 인지할지 모르지만
소슬한 바람 더불어 회심을 빈다.

낮달맞이꽃

빗발이 오락가락
건듯건듯 마파람이 분다
풀숲에서 기어 나온 도깨비가
폴짝폴짝 재주를 넘는다
남루가 비단옷으로 변했다
월궁항아가 내려와 웃고 있다

그윽한 살 냄새,
실실 눈웃음을 치며
나를 유혹하려 한다
아무리 그래도 나는 싫다
나는 정치가가 아니다
허위의식에 빠져 우쭐대는 놈,
근본을 유린하는 놈들은 싫다.

길 건너
좁다란 길섶에서도

도깨비가 재주를 넘는다.
도깨비의 변신을 허락한
하느님이 바보지만
호듯한 모습이 곱기는 하다

노을

타오르는 불속에
가슴을 던져 놓고
시간을 더듬어
사람을 찾는다

거짓의 말들이
가마솥에 팥죽 끓듯
바다 위에서
보글보글 끓고 있다

시간으로 불이 번졌다
허겁지겁 걸어온 길을
거꾸로 하나씩 되짚어보니
어느새 숯이 된 심장이 떤다

불완전한 몸뚱이로
상처투성이 영혼과 싸우며

이제 조금씩 끝이 보이는
그 슬픈 시간이 타고 있다

가을에 만난 바다

노을이 찾아오고
파도가 붙잡지만
갈매기는 때지어 날아가고
바위만 홀로 엎드려
기도하는 바다

폭풍이라도 몰려오면
함께 부둥켜안고
사랑을 나눌 수 있으련만
시간이 멈춘 하늘과
죽은 듯이 누워 있는 바다

해무인양
바다 위를 날아도
내 외로움은 언제나 내 몫
불러도, 불러도 대답이 없다
아무도 나를 바라보지 않는다

화초고추

하늘을 치받고 서서
무엇을 노리고 있느냐?
뻘게지면서
온몸으로 곧추세워
사내를 조롱하는구나.

네 젊음이 부럽기는 하다.
사내들은 누구나
너를 닮기 바라지만
세월이 수상하여 땅만 바라본다.
그게 맘먹었다고 되는 일이더냐?

작은 화분에 발을 내리고도
너는 당차게 바람까지 유혹한다.
쏟아지는 햇살을 거스르며
벌거숭이 여인 앞에 선 것처럼
오지게 솟아오른 그 욕심이 얄밉구나.

갈대

맨 머리로
하늘을 이고
북녘을 에둘러 온 바람에
슬그머니 몸을 맡긴다.

저 만큼 먼발치에 서서
끝 모를 외로움에 떨다가
아침햇살에 앵돌아져
실루엣 같은 안개를 걸친다

올챙이 한 마리 품지 못한
세살 박이 오줌줄기 같은 시냇물
흐릿하게 산 어름을 에돌다가
키 큰 내 슬픔에 눈물을 보탠다

흐른 시간만큼 약해지는 몸
바람 의지해 햇살과 놀지만

더없이 외롭기만 하다
마른 손이 마냥 허허롭다

달맞이꽃

저 가슴이면
한이 얼마나 깊으랴
저 그리움이면
원冤이 얼마나 크랴

저 많은 세월이면
산을 움직이고 남겠다
저 눈빛으로 바라보면
부처도 돌아눕겠다.

아아, 저 슬픔이면
영혼이 얼마나 지치랴
미쳐 돌아가는 세상에서
누가 저리 순수할 수 있으랴

약속하다, 사랑이여!
한번쯤 뒤돌아 봐도 좋으련만

강물이 일어서도록 불러도
바람 앞에 선 갈대만 슬피 운다

시월이 훔쳐온 가을

그 바람,
그 가슴이 아니다
강가에 서있는
버드나무도 매가리가 없다

풀이 죽어 흐르는 강
그래도 갈대는 손을 흔든다
엊그제까지 그리 애틋하게
사랑을 노래하던 달빛마저
바람에 휩쓸려 흐느적거린다

한 순간도 놓을 수 없는
부를수록 더 부르고 싶은 사람
미움이 있어 사랑이 더 소중하듯
떠났기에 더 놓을 수 없는 사람

사랑하는 만큼

아픔 하나 더 얹고 살더라도
아무래도 강에 내 삶을 맡겨야겠다
아아, 바람의 유혹을 거스를 줄 아는
갈대의 삶을 배웠더라면 좋았을 것을

황도黃桃의 노래

천도天桃는 천도天道이려니
모든 길은 도원桃源에 있다

산자락 둥실한 더기에
도화향이 속삭이듯 흐르면
젊은이여 도원에 오라
도원결의桃源結義로 중원을 평정했느니
도원桃源에서 맺은 사랑
차마 죽음도 끊기 어려우리라

황도黃桃는 황도皇桃이려니
생명의 다스림이 여기에 있다

주황색 웃음에 담은
펄펄 끓는 대지의 氣
어느 것 하나 모자람 없이
넉넉하게 품은 하늘의 맛

너무나 매혹적인 바람을 닮은 香
다소곳이 품으면 천수를 누리리라.

겨울 바다

평생을 울다가
목이 잔뜩 쉰 채로
겨울 바다는
늘 거기에 있다

세태에 찢기는 아픔
달빛에 휘휘 씻어
모래밭에 널어놓고
파도가 혼자 비틀거린다.

사랑을 꿈꾸는 것이
그토록 어리석었나?
바다와 나, 그렇게 둘이서
종말을 맞듯 적막에 갇힌다.

겨울 호수

산이 옷을 갈아입는 사이
호수는 멀건이 하늘을 바라봤다

이른 새벽에 길을 나선 해는
선달, 그 날카로운 눈새에 쫓겨
저녁 무렵에야 겨우 불을 지폈다

산에 걸친 잔영까지 쓸어 모아
하늘이 함께 몸을 던졌다

혼자라는 생각을 밀쳐내고
찰랑찰랑 물장구를 쳐보다가
호수가 조용히 눈을 감았다

11월의 눈꽃

길을 가다 말고
네 모습에 끌려
넋을 놓고
너를 바라본다

실가지 위에
새색시 분 바르듯
살포시 내려앉은 모습
잠시도 눈을 뗄 수가 없다

애잔한 흐느낌으로
뉘 넋을 희롱하지 않고
음전하게 산비탈에 서서
나를 바라보는 네 눈매가 곱다

그렇게 헤어질 것이라면
차라리 혼자서나 키울 걸

가슴에 너를 담으니
묻어둔 女人이 새삼 그립다

저녁놀

바라보면 이내
눈동자는 물속에 잠긴다
생각하는 것만으로도
가슴이 격하게 요동을 한다

붉은 입술로
그 고운 손으로
내 옷깃을 잡으면
밤새 가슴을 쓸어내려야한다

한번만이라도
안아 보고 싶고
오래도록 가슴에 담아 두고
이따금 꺼내 목 놓아 울고 싶다

너무 아름다워
시간을 잊고 걷는다

하냥 경계經界를 넘나들며
구름과 함께 살아있음에 감사한다

동백꽃

바다에
눈을 붙박아놓고
혼자서 넘긴 겨울
저것은 사랑이다

심장에 뿌리를 내렸지만
햇살 한 줌이 아쉬워
해를 향해 손을 내미는
저것은 사랑이다

피바람 휘도는 전장에서
그래도 그리움 하나는 남아
가슴에 이는 눈물 같은 바람
저것은 사랑이다

시뻘건 불에
쇳물이 녹아 흐르듯

스스로 몸을 던지는 종말
저것은 진정 사랑이다

시 … 제4부

현대의 군상

색 쓰는 사람들에게

— 미술 전람회장에서

아름다움을 너무 탐하지 마라
바보들도 치장하는 것은 꺼린다
화려함이 오히려 추함만 못하다
추한 것엔 겸손과 진실이 담기지만
화려한 것엔 오만과 위선이 숨어 있다
오만으로 세상을 굴복시킬 수 있으며,
위선으로 언제까지 속일 수 있을 것 같으냐?

세상은 그렇게 호락호락하지 않다
너를 현혹하는 색에서 벗어나라.
시대를 거스른 꿈은
역사를 도적질할 수는 있지만
절대로 미래를 얻을 수 없다
미래의 너를 보고
네가 서 있는 시대를 말하라
사람을 얻는 것은 오히려 단순하다

움파

잠시 보이다가
도망치듯 떠나는 햇볕을
피 묻은 손으로
목숨처럼 움켜쥐고
가끔 고개를 들어
새똥만한 별빛을 보며
꽁꽁 언 땅속에서
몸집을 키웠다

운명이라는
보이지 않는 끈으로 묶여
거친 들에서
하얗게 속이 찼다

바람처럼 외로워
흐느껴 울던,
그 잔인한 겨울

나는 무엇을 위해
몸을 불리었을까?

연탄

힘을 남용하는 것들은
알맹이 없는 허세나 부리며
언제나 쳐낼 기회를 노리지만
나는 그들에게 당하지 않는다
주변에서 주변으로 밀림을 수용하고
중심에서 머뭇거린 적이 없으니
단번에 나락으로 떨어질 일도 없다

나와 더불어
내 심장에 뿌리를 내리고
지긋지긋한 생활고를 벗어나려는 사람,
세상 물정 모르고 나를 흔들다가
육신을 내 곁에 두고 떠나는 사람,
한동안 그들에게 내 마음을 매어둔다.

막걸리 한 사발이 그리워
후줄근한 주막에 웅크리고 앉아

잊혀져가는 이야기 한 자락 움켜쥔다.
거꾸로 사는 방법을 알지 못해
너주레한 달동네에 몸을 풀고 살지만
가슴이 뛰는 한 세상을 압박하며
나는 재치 있게 거꾸로 타오르리라.

五月, 그 아름다운 밤에

— 성모님께 바치는 시

사랑이 묻어나는
결 고운 바람 손잡고
가만가만 다가서는
장미의 웃음소리
나직이 들려오는
상큼한 숲의 속삭임
오월의 밤은
혼자라도 외롭지 않다

생각 속에 갇혀
가슴을 잃어버리고
허상에 묶여
말을 잃어버린 나날
포근히 안아주고
슬그머니 피안을 보여주는
그 달콤한 사랑으로
오월은 애옥살이도 슬프지 않다

한 줄기 빛으로
절망을 딛고 일어나
차분히 탐욕을 걷어내는
한 발짝 두 발짝
제 몸 크기의 십자가를 지고
더듬어 소명을 찾는 사람들
하늘 어머니의, 그 꿈결 같은 기노로
오월은 하늘을 나는 듯 상쾌하다

가을비

가을비는 맷돌이다
하나의 이야기로
여러 개의 아픔이 갈려나온다
보고만 있어도
절로 눈물이 난다

빗속을 내달아도
비에 젖지 않는 바람에
은행잎 하나 또르르 떨어진다
낡은 화분에서 꽃을 피운 천사의 나팔이
비를 맞으며 누군가를 노리고 있다

더디더디 내리는 비
잘게 부서지는 생각의 부스러기들
그녀는 아직도 혼자 울고 있을까?
부처를 만나서 내 전생을 보아야겠다.
도대체 무엇이 문제인가?

도둑처럼 담장위에 비가 걸쳐 있다
가을비엔 오만잡것이 다 갈려 나온다
물방울마다 사연이 하나씩 매달려 있다
누가 돌리지 않아도
맷돌은 혼자서 잘도 돌아간다.

자존심

놓치지 않게 깍지를 끼고
그와 함께 강둑을 걷는다
별의 무덤이 된 하늘을 흔들고
가창오리 떼가 날아간다
출렁거리는 갈대의 물결에
억새가 이따금 토악질을 한다
그의 손을 잡고 있어도
나는 내가 무섭다
억새의 날카로운 잎사귀처럼
날이 선 성깔 때문에
항상 칼을 물고 있는 것 같다

잠시도 한눈을 팔 수가 없다
그가 곁에 있어도
더듬어 그의 손을 잡는다
언제, 어떤 문제를 일으키고.
내일이라도 훨훨 날아갈 수 있다

떼 꿩에 매를 놓듯 행동하여
나를 매우 힘들게 하지만
나는 그의 손을 놓지 못한다
그를 떠나보낸 뒤에도
내가 사람으로 살 수 있을지를
가늠할 수가 없어서
생명의 무게만큼 그가 소중하다.

저승길

타고 온 승용차를 걷어차고
성큼성큼 걸어 꽃가마에 오른다

무동을 타듯 가마를 타고
울울한 숲을 해치며 간다
허기를 달래던 계곡을 넘어
진달래꽃을 따먹던 비탈을 오른다

산그늘에 묻힌 고향마을에
아이들의 웃음소리 왁자하다
이마에 맺힌 땀을 손등으로 훔치며
어머니가 하얗게 웃으신다.
오십년을 허투루 돌다가 왔는데
아버지의 기침소리가 아직도 남아 있다

평생을 붙들고 씨름하던 것들
이제 바라보니 한낱 티끌이다

배고프지 않을 정도면 될 것을
무엇에 홀려 그렇게 억척을 떨었을까?
어쩌다가 한 번도 뒤를 돌아보지 못했나?
다 풀지 못한 척은 이제 어떻게 해야 하나?
이리 허망하게 떠나오는 것이 정녕 내 운명인가?

황산벌에 서서

계백장군!
장군이 들고 있는 장검으로
냉큼 내 목을 치십시오.
이렇게 구차하게 사느니
장군의 손에 죽는 게 낫겠습니다.
김유신의 목을 베지 못하고
오히려 그들의 칼에 죽은 통한을
천년이 더 흘렀다고 한들
가슴에서 완전히 지울 수 없을 테니
민족의 배반자 신라군을 베듯
차라리 내 목을 치라는 것입니다
신라의 후손인 나는
의로운 장군의 칼에 죽어서 좋고
장군도 한을 풀어서 좋지 않습니까?

나는 김유신 보다 더 나쁜 놈입니다
이 배반의 시대에 사는 사람으로
내 몫을 전혀 못하고 있기 때문입니다

중화 패권주의도 모자라
미국의 패권전략에 동조하고,
일제 식민사관에 휘둘려
내 나라 역사를 지키지 못하는 사람들을
어떻게 온전한 사람이라 할 수 있겠습니까?

장군, 어서 내 목을 치십시오.
정 그렇게 어려우시면
그 장검을 내게 주십시오.
일본사람들이 즐겨 쓰는 방법이지만
그래도 내 스스로 할복하겠습니다
세상이 미쳐 돌아가고 있지 않습니까?
친일파들이 다시 살아나고 있습니다.
대체 이 민족이 어디로 가는 것입니까?
이만 하면 이제 우리나라는 끝입니다
역사전쟁에서 지면 패망이 눈앞입니다

제발 내 목을 좀 치십시오, 장군!

경계經界를 거닐다

뉘엿뉘엿
가야산을 넘는
저녁 해를 본다.
어칠비칠 經界를 서성이는
나를 바라본다.

둘러보니
어웅한 가슴 속에
어스러진 연민 한 조각
어슥어슥 들어붙어 있는
분별력이 모자란 욕망
입에 담을 수 없도록 포악하고
불결하기가 수채 구멍 같다.

서둘러 經界를 벗어나야겠다.
좁아터진 입구를 막고
무지근하게 가슴을 누르던

바위를 들어내면
숨쉬기가 한결 편하리라.
이웃의 이야기도 들리고
주위에 있는 생명이 보일 것이다

* 經界 : 시비나 선악이 분간되는 한계

사랑

— 어느 촌부의 고백

가난한 집에 시집와서
시동생 학교 뒷바라지
시누이 결혼 치레
일생을 고생고생 살다가
이제 좀 살만 하니 병을 얻었다

바라볼수록 짠하고
생각할수록 분노가 치민다.
오나가나 일에 치어
조석끼니 제때에 먹지 못하고
먹는 둥 마는 둥 선 밥 먹어
결국 암에게 덜미를 잡혔다

내 탓이다.
내 탓이다.
하느님께 매달리고
의사에게 투정도 부렸지만
살릴 길은 점점 멀어져갔다.

병원이 포기한 것 같아
백방으로 좋다는 것 다 뒤지다가
구한 것은 겨우 장뇌삼 한 뿌리.
아내 손에 쥐어 주고
백년 묵은 산삼 어렵게 구했으니
날 봐서 어서 먹고 쾌차하라 하니
눈물범벅 씹어 먹고 곤히 잠든다.

지독한 병마에서 풀려난 아내
하루하루 몰라보게 희색이 돌아
아내 속인 거짓말 가슴이 아파
주저주저 장뇌삼이었다고 말하니
빙긋이 웃으면서 아내가 하는 말

"산삼도 장뇌삼도 먹은 적 없고,
먹은 것은 당신의 사랑이었어요."

시를 쓰는 이유

외로운 것은
가슴에 머무는
시간이 있기 때문이다

때때로 술을 권하고
젊은 날의 외로움은 달콤하다.
퍼버리고 앉아 울 수 있음이
얼마나 행복한지는
느껴본 사람이 아니면 모른다.

사람이 곁에 있어도
외로운 사람은 여전히 외롭다
머리를 짓누르는 욕망을
더 이상 물리칠 수 없을 때
외로움이 극에 달한다
그러나 지난밤에 내다버린 꿈같은 것
살아가는데 외로움이 독은 아니다

외로워서 시를 쓰고
시간이 떠나지 않아서 외롭다

아버지

아버지로 사는 것이 어디 삶이랴.
아버지로 살아남기 위해서는
아버지라는 이름 빼고는
모두 다 내줘야 한다.
아버지는 귀먹은 소라야 한다.
神이 아버지에게 가슴을 허락하지 않은 것은
화내면 이름마저 빼앗기기 때문이다.

득도한 수도승처럼
뇌를 잃은 장애인처럼
그나마 일을 가지고 있을 때
최대로 비굴해야 살아남을 수 있다.
이렇게 하면 아이들이 즐거워할까?
어떻게 하면 아내가 감탄할까?

이 땅의 아버지들이여!
미친 듯이 술이라도 마시자!

21세기 한국 땅에서
아버지가 어디 사람이더냐?
아버지란 존재가 어디 있느냐?
무엇으로도 한을 풀 수가 없다.
아무리 애써도 아버지는 없다.

talio 원칙

누가 뭐라 하든
아무리 딴죽을 걸어도
자연은 정해진 대로 돈다.

여름 장마에
숲은 더욱 짙어지고
붉게 물든 가을 산은
종말의 의미를 되새긴다
겨울에 내린 눈
봄볕에 녹아
대지의 양식이 된다.

더불어 살든
어긋나 거꾸로 살든
그것은 그들의 몫
되로 받으면 되로 돌려주고
말로 받으면 말로 갚으며
자연은 그렇게 스스로 치유한다.

현대의 군상

날마다
무참히 죽인다
보이기 위해
자유를 죽이고
재물을 믿고
관계를 죽인다

어쩌다 만난
공자도
자존심 때문에
짓밟고
천년을 살 것처럼
예수를 부르고
관계를 믿고
양심을 죽인다

젖소의 저주

— 인간은 슈퍼 甲

초원을 뛰놀며
정을 나누지 못해
내 꿈만큼
분노를 키웠다

감옥 같은 우리에
발 엮듯 갇혀
친구와 추억을 만들지 못해
몸속에 켜켜이 원한을 쌓았다

금쪽같은
내 새끼 빼앗기고
젖을 도둑맞는 슬픔에
젖에 독을 만들어 넣었다

제 한 목숨 돌보려고
우리의 한恨도, 원寃도

전혀 생각하지 않는 것들,
인간은 울트라 슈퍼 甲이다

| 작품해설 |

내면의식이 강한 고독의 승화

박 순 길(시인, 문학평론가)

이완순 시인의 원고를 받고 일독한바 시조의 시가 빈이었다. 시조는 고려 중엽부터 시작하여 조선시대에 크게 유행하여 온 국민의 애호를 받았고, 현재까지 이어지고 있는 민족의 시이다. 시조는 글자 수의 제한으로 내용을 소화할 수 없어 평시조에서 엇시조, 사설시조로 글자 수의 제한이 점차 확대되어 가고 있으나 종장만은 변화를 허용하지 않고 있다. 글자 수의 제한으로 내용을 소화시킬 수 있다는 점에서 시조를 쓰는 시인에게 시어의 축약이나 함축이 선행 되고, 언어의 선관이 중요시되고 있다. 이완순 시인이 평소 시조를 썼다는 점에서 탄탄한 글의 구조를 가졌을 것이란 선입관은 내용을 일독하고 재독하면서부터 점차 확신을 가졌다. 알다시피 시조는 반전의 문학이다. 종장에서 반전은 비약, 압축, 전환 등 다양하게 나타나 그의 시조력을 감상하기에 충분했다.

이완순 시인의 시조는 감동을 주는데 소홀함이 없다. 따라서 읽는데 부담감이 없다. 그만큼 내용을 잘 소화시키고 있다. 글자의 제한을 철저하게 지키고 있다. 시어처리에 신중했고 작품의 완성도에 노력했다. 이완순 시인의 시조와 시에서 외로운 현상이 많이 감지된다. 외롭다는 것은 고독하다는 화자의 심리적 기재로 그 내용을 살펴보고자 한다.

외로운 것은
가슴에 머무는
시간이 있기 때문이다

때때로 술을 권하고
젊은 날의 외로움은 달콤하다.
퍼버리고 앉아 울 수 있음이
얼마나 행복한지는
느껴본 사람이 아니면 모른다.

사람이 곁에 있어도
외로운 사람은 여전히 외롭다

머리를 짓누르는 욕망을
더 이상 물리칠 수 없을 때
외로움이 극에 달한다
그러나 지난밤에 내다버린 꿈같은 것
살아가는데 외로움이 독은 아니다

외로워서 시를 쓰고
시간이 떠나지 않아서 외롭다

—「시를 쓰는 이유」 전문

고독은 외로움에서 시작한다. 그가 시를 쓰는 이유에서 밝혔듯이 고독은 누구나 느끼고 있는 사고의 산물이라 할 수 있다. 고독은 일치되지 않은 현상에서 생기는 정신적 감정이라 볼 수 있다. 자연을 보고 고독을 느낀다면 자연과 나와의 일치되지 않은 현상으로 관계의 결핍에서 생긴다고 볼 수 있다. 고독은 개인의 감정적 요인에서 오는 고독, 상황에 따른 내면적 요인에서 오는 고독, 일시적이며 순간적으로 오는 고독 등 세분해서 나눌 수도 있을 것이다. 고독은 현실 속에서 존재하는 자신과 이상적인 자신과의 간극에서 생겨날 수 있다. 내적인 자기와 타인에게 나타나는 자기와의 불일치에서 발생하며 이러한 현상은 자신의 생활에 영향을 주는 요인이 되기도 한다. 흔히 고독은 쓸쓸하다거나 외롭다거나 그래서는 안 된다는 나만의 고집이거나 자연현상이나 사회현상에 대해서 다양하게 나타날 수 있다.

고독은 사람이 느끼는 감정이라 볼 때 개인차가 있을 수 있고, 부정적인 고독, 긍정적인 고독도 있을 것이다. 부정적인 고독은 일치되지 않은 간극을 해소하지 못하는 욕구의 불만으로, 긍정적인 고독은 스스로가 선택하는 주관적 심리상태로 고독을 느끼는 과정에서 자신의 가치관을 변화시킬 수 있으며 부족한 자신의 존재가치를 한 단계 성숙시키는 계기가 될 수도 있을 것이다. 이완순 시인의 시조와 시 속에서 죄의식의 고독, 역사인식의 고독, 사랑의 고독으로 나누어 살펴보고자 한다.

1. 죄의식의 고독

죄의식의 고독은 선하게 살아야 한다는 의식에서 출발한다. 죄는 남의 물건을 훔치거나 강탈하는 나쁜 행위도 있겠지만 생활고에 시달리다 자살하는 보도에 나의 현실과 자살하는 자의 현실의 간극에서 느끼는 죄의식도 있다. 길거리에서 허리 굽은 할머니가 키보다 높은 빈 상자를 들고 가는 것을 보고 안쓰럽게 생각하는 동정심도 나와의 차이에서 오는 일종의 죄의식이다. 죄의식은 내세관이나 종교, 천당이나 지옥, 업보 등 다양한 심리상태이다.

애증을
벗기 위해
선(禪)하듯
눈을 감고

탐심이 잦아들어
피안에 들 때까지

가슴에
깃든 죄업을
소리없이 태우나

초여름
어슬한 밤
초롱에 불을 밝혀

구천을 헤매는 넋
깨끔히 씻어내어

한 세상
함께 한 연을
다소곳이 품누나.

—「섬초롱꽃」 전문

초롱꽃을 보고 자신과의 교감을 관조한 시조다. 사랑과 미움에서 벗어나고 싶어 탐심이 잦아들어 피안에 들 때까지 가슴 속의 죄업을 태우겠다는 강한 의지가 담겨 있다. 탐하는 마음이 용광로의 불길같이 솟아올라 주체할 수 없는 지난날을 회상하며 소멸하지 않고 잦아들 때까지 선(禪)하듯 눈을 감고 죄업을 씻겠다는 자기인식이다. 선(禪)이란 앉아서 자세를 바르게 하고 잡념을 떨쳐내어 마음을 집중하는 수행법이다. 촛불을 밝혀놓고 기도하는 스님의 자세를 엿볼 수 있다. 초롱꽃은 청사초롱을 연상시키는 말로 푸른 실로 등을 만들어 좋은 일 있을 때 밝히는 일종의 의식이다. 여름에 피는 초롱꽃을 보고 죄를 씻기 위한 의식으로 보고 구천에 헤매는 넋을 깨끗이 씻고 싶다는 자기해탈의 정신이다. 구천이란 땅 속 깊은 밑바닥이란 뜻으로, 죽은 뒤에 넋이 돌아가는 곳을 이르는 불교에서 사용하는 말이다. 애증을 탐심이라 보고 가슴에 깃든 죄업과 동일시하고 있다. 애증은 상대에게 자신의 소망을 투사하거나 충족되지 못할 때 흔히 생기는 것으로 인간세상에서 애증이 없을 수 없는데도 화자는 이것마저 죄업으로 보고 있다. 꽃은 흔히 아름답다고 하고 예쁘다고 한다. 한 송이 꽃을 보고도 자신의 잘못은 없나 관조하는 마음은 선하지 않고서는 느끼지 못하는 아름다운 죄의식이라 할 수 있다.

> 뉘에게 잡히셨나?// 사랑이 그리운가?// 못다 푼 미운 정을/ 업으로 엮으시나?// 열반에/ 들지 못하고/ 고통 하는 어머니// 질기고 질긴/ 인업(因業)/ 살면서/ 맺은 인연(因緣)// 조용히 내려놓고/ 사랑도 접어두고// 천상계(天上界)/ 환생을 위해/ 맺힌 마음 푸소서.
>
> —「임종」 전문

고통스러워하시는 어머니를 보고 못다 푼 미운정이 죄업으로 그러지 아니한지 의문을 가져본다. 열반은 불교에서 흔히 쓰는 말로, 타고 있는 불을 바람이 불어와 꺼버리듯이, 타오르는 번뇌의 불꽃을 지혜로 꺼서 일체의 번뇌나 고뇌가 소멸된 상태로, 수행에 의해 진리를 체득하여 미혹과 집착을 끊고 일체의 속박에서 해탈한 최고의 경지를 이르는 말이다. 한평생 맺은 모자간의 인연도 베풀어 주신 사랑도 이제는 내려놓고 천상계에서 환생을 기원하고 있다. 화자는 여기서 어머니의 사랑도, 못다 푼 미운 정도 하나의 업으로 맺은 인연으로 생각하고, 생활 속의 여러 심사를 업으로 연결시키고 있다. 살아가는 자체가 하나의 업으로 삶에서 가장 중요한 사랑마저도 하나의 업으로 보고 있다. 누군가의 임종을 지켜보면 좋은 곳에 이 세상에서 고생했던 것을 제 세상에서

편안하게 지내기를 염원한다. 천상계의 환생을 위해 이 세상의 죄업을 용서해 달라는 간절한 염원도 일종의 죄의식에서 출발한다.

타고 온 승용차를 걷어차고/ 성큼성큼 걸어 꽃가마에 오른다// 무동을 타듯 가마를 타고/ 울울한 숲을 해치며 간다/ 허기를 달래던 계곡을 넘어/ 진달래꽃을 따먹던 비탈을 오른다// 산그늘에 묻힌 고향마을에/ 아이들의 웃음소리 왁자하다/ 이마에 맺힌 땀을 손등으로 훔치며/ 어머니가 하얗게 웃으신다./ 오십년을 허투루 돌다가 왔는데/ 아버지의 기침소리가 아직도 남아 있다// 평생을 붙들고 씨름하던 것들/ 이제 바라보니 한낱 티끌이다/ 배고프지 않을 정도면 될 것을/ 무엇에 홀려 그렇게 억척을 떨었을까?/ 어쩌다가 한 번도 뒤를 돌아보지 못했나?/ 다 풀지 못한 척은 이제 어떻게 해야 하나?/ 이리 허망하게 떠나오는 것이 정녕 내 운명인가?

—「저승길」 전문

앞의 〈임종〉과 의미를 같이하는 시로 시신을 묘지까지 운반하는 상여가 이동하는 모습을 객관적 현상으로 보고 있다. 어머니가 이마에 맺힌 땀을 훔치며 하얗게 웃는 모습이나 아버지의 기침소리가 아직도 남아있다는 것으로 보아 우리네 삶이 대체로 그렇듯 가난한 모습을 연상시킨다. 가난은 고생이다. 그래서 가난하게 태어난 것은 죄가 아니지만 가난하게 사는 것은 자신의 책임이라는 말도 있다. 가난을 면하기 위해 평생 씨름하는 것도 한낱 티끌처럼 의미 없는 것인데, 배고프지 않을 정도면 될 것을 그렇게 억척을 떨었을까? 한 번도 뒤를 돌아보지 못했나? 이제 어떻게 해야 하나? 허망하게 떠나는 것은 정녕 내 운명인가? 끝부분은 모두 의문을 제시하고 있다. 확신을 가졌으면 의문을 가질 필요가 없다. 보다 잘 살아보려고 노력했던 모든 것도 허망으로 나타난 것도 일종의 죄의식으로 보고 있다.

2. 역사인식에서 온 고독

역사는 인류사회의 발전과 관련된 의미 있는 과거 사실들에 대한 인식으로 끊임없는 변천을 거듭하고 있다. 역사의 초기는 신화나 전설로 또는 구전으로 전해오나 문자로 기록되는 시대 이후에는 기록하는 자의 인식에 따라 후대사람들의 생각이 달라진다. 역사는 주변국의 영향을 끊임없이 받고 있다. 우리의 역사 역시 일본이나 중국의 영향을 많이 받았다. 역사적으로 영토의 면적이 가장 넓을 때는 삼국시대이다. 고구려 때는 중국 영토의 일부를 차지했으나 중국은 대국의 수치라며 동북공정으로 역사를 바꾸고 있으며, 우리의 훌륭한 문화가 일본에

많은 문화적 영향을 미쳤으나 일본은 우리나라를 거쳐 중국을 침략하는 과정에서 우리의 희생을 요구했고, 한일 합방을 강행했다. 세계 2차대전 이후 미국과 소련의 영향으로 남북이 분단되어 오늘에 이르고 있다.

이완순 시인은 역사인식을 민족사관으로 보고 있다. 사관은 학자에 따라 인식이 다르나 민족사관은 일제강점기, 식민사관에 대항하여 민족의 자율성과 주체적 발전을 강조하고 민족사의 기원을 밝힌 역사관으로 우리의 아픔이 고스란히 배여 있다. 우리 역사의 훌륭한 점에 비해 잘못되어 가고 있는 것, 선조에 비해 부끄러운 것, 최근 국내정치의 바르지 못한 것에 이르기까지 다양한 심경을 토로하고 있다. 역사인식은 사람에 따라 차이가 있다. 내가 갖는 생각과 타인이 갖는 생각과의 차이에서 오는 간극은 역사인식의 고독이라 할 수 있다.

반만년
역사에서
지우고픈
천년 세월

대륙을 휘어잡던
조선의 얼을 살려

통일로
우뚝 서는 날
홍익인간 펼치리.

미일(美日)의
입을 막고
중국의 손 발 묶어

중원에
자리 펴고
천제를 올리는 날

천손의
드높은 기개
온 세상이 섬기리.

―「염원」 전문

우리나라의 역사는 오천년의 역사이다. 이완순 시인은 이처럼 오랜 역사에서 천년을 지우고 싶다고 했다. 지우고 싶은 천년은 어디쯤일까? 아마도 최근의 천년일 것이다. 최근 천년의 역사를 보면 조선의 얼인 홍익인간의 정신을 살리지 못한다고 판단하고 있는 듯하다. 또한 고구려, 신라, 백제가 통일되어 드넓은 영토의 한반도가 미국, 일본, 중국의 영향으로 분단되어 있음을 안타깝게

토로하고 있다. 그래서 그들의 입을 막아버리자는 화자의 의도는 우리 모두 공감하고 남음이 있다. 중원의 의미는 다양하나 영토의 의미로 보아 중국 한족(漢族)이 일어난 황허강 중류의 양 기슭 지역. 지금의 허난성과 산둥성 서부, 허베이성의 동부를 포함한 드넓은 지역으로 고구려 전성기 때의 영토가 아닌가 싶다. 그 넓은 영토에서 천제를 올리고 싶은 후손의 강한 소망을 표출하고 있다. 그러나 이 역시 나만이 갖고 있는 역사의 고독한 인식이다.

> 독립을 위한 충정/ 뉘라서 막을 손가// 악귀와 손을 잡고/ 내 동포 유린하는// 만주군/ 절멸을 위해/ 한 마음이 되었네.// 천혜의 지형지세. 안개를 이용하여// 적진에 숨어들어 자중지란 일으키고// 열 배가 넘는 적군을 먼지 털듯 쓸었네// 추위와 굶주림에/ 저승 문 넘나들며// 천세(天世)에/ 길이 빛날/ 승리를 거두었네// 이보다/ 귀한 승리는/ 만세에 더 없으리
>
> —「아아, 청산리」 전문

청산리 전투는 김좌진장군이 이끄는 독립군이 일본군을 청산리로 유인하여 대파한 전투이다. 부연 설명하면 1920년 일본군부대는 독립군을 토벌하기 위해 지금의 용정(龍井) 지역으로 왔다. 독립군은 화력과 병력의 열

세를 고려하여 접전을 피하는 전략을 택했으나 일본군이 토벌 과정에서 한국인 촌락을 불사르고 동포들을 학살하는 것을 보고 일본군과 대항해 싸우기로 결정했다. 일본군 선발 보병중대는 매복 사실을 모른 채 하루 전에 독립군이 행군한 길을 따라 용정에 진입했다. 6일 간의 전투 끝에 독립군은 자신들의 열 배나 되는 일본군을 크게 물리쳤다. 청산리 전투의 승리는 독립군의 영웅적 분전, 지휘관들의 우수한 유격작전, 조선인들의 헌신적인 지지가 함께 어우러져 이룩되었다. 청산리 전투에서 독립군의 추위와 굶주림을 이겨내고 승리를 이끈 역사를 만세에 길이 빛내고픈 화자의 역사인식이 돋보이는 장면이다.

> 반만년/ 역사에서/ 편한 날 있었는가// 무시로 넘나드는/ 오랑캐 제압하고// 당당히/ 우뚝 선 민족/ 사람다운 한겨레// 중국의/ 동북공정/ 일본의/ 독도 야욕// 잘못된/ 역사의식/ 내놓고 춤을 추나/ 언젠가/ 저 오만 꺾고/ 하늘 높이 날리라
>
> ―「한겨레 만세」 전문

오랑캐는 두만강 연변과 그 북쪽에 살던 여진족 가운데 한 부족으로 명나라가 세워질 시기에 두만강 유역으로 옮겨간 부족이다. 오랑캐 부족은 한 명의 추장 밑에 수십 호가 작은 부락을 이루며 흩어져 살았기 때문에 통

일이 어려웠고, 세력도 약해 고려와 명나라에 양쪽으로 소속되기도 했다고 한다. 조선 초기에 흉년이 들면 우리나라의 변방을 자주 침입해 토벌당하기도 했다. 설에 의하면, 오랑캐의 시조가 본래 개와 사람 사이에서 태어났기 때문에 그의 후손들을 오랑캐라고 불렀다고 전해진다. 구전에 의하면 한 재상이 얇은 껍질로 만든 북을 만들어놓고 이 북을 찢지 않고 치는 사람에게 딸을 준다고 했다 한다. 아무도 치지 못하고 있었는데, 하루는 개가 꼬리로 북을 쳐 재상이 딸과 개를 혼인시켰다. 이들이 자식을 낳자 북쪽으로 쫓겨나 후손을 퍼뜨렸다. 그 뒤 '오낭(五囊)을 낀 개[狗]'라는 뜻인 '오랑구'가 '오랑캐'로 변해 북쪽에 사는 사람들을 그렇게 불렀다고 한다. 이 설화는 우리나라를 자주 침입한 북방 여진족에 대한 적대감과 멸시감 등을 보여주고 있다. 이처럼 오랑캐는 사람답지 못한 행동으로 우리민족을 괴롭혔으나 당당하게 물리친 사람다운 한겨레로 자랑스럽게 여기고 있다. 그런데 중국에서는 동북공정으로 역사를 왜곡하고 일본에서는 독도를 자기네 땅이라고 우기니 화자는 잘못된 역사인식을 바로 잡고자하는 간절한 마음을 담고 있다.

관리의 好色症에/ 치도곤 당한 法治// 꼼수를 부리다가/

조정력 잃은 政治// 더러운/ 권력의 횡포/ 어디까지 갈 건가// 도덕성/ 제쳐놓고/ 경제만 노리더니// 양극화/ 심화 되고/ 부정이 판을 치네// 어쩌다/ 천손의 땅이/ 도둑소굴 되었나// 말 따로/ 행동 따로/ 손 따로/ 눈 귀 따로// 썩은 곳/ 없애려면/ 민족이 거덜 날 판// 천제여/ 굽어살피사/ 다시 서게 하소서

— 「한국, 2013」 전문

화자는 이 시에서 국민을 관리하는 공무원을 호되게 꾸짖고 있다. 법은 바른 잣대가 되지 못하고 호색에 따라 잣대가 달라져 유전무죄이고 무전유죄라는 말까지 유행하고 있는 실정이다. 정치는 경제를 앞세워 도덕성을 무시하니 양극화가 심해지고 있음을 토로하고 있다. 눈사람을 만들기 위해 눈을 굴릴 때 큰 눈덩이는 한 번 굴려도 많은 눈이 뭉쳐지나 작은 눈은 여러 번 굴려야 큰 눈의 양을 따라간다. 가난한 사람은 아무리 노력해도 부자가 될 수 없는 구조 속에 살면서 부정이 판을 치니 천손의 땅이 도둑의 소굴이 되었다고 울화를 터뜨리고 있다. 말 따로, 행동 따로, 손 따로, 눈 귀 따로이니 국민은 어떻게 살란 말인지 강한 분노를 표출하고 있다. 부정이 하도 많아 썩은 곳을 없애려면 민족이 서널 날 판이라고 나라를 걱정스럽게 바라보고 있다. 그래서 천제 즉 초자연적이고 불가사의 한 능력으로 하늘을 다스

린다고 하는 신에게 염원하고 있다. 화자는 이 시를 '한국, 2013'으로 표제를 달아 2013년을 강하게 부정하고 있다. 이 해에는 공교롭게도 정권이 새로 창출된 해로 화자의 정치, 경제 등 여러 면에서 불편한 마음의 소회를 내포하고 있다.

> 문명에
> 드리운 넋
> 조용히 걷어들고
>
> 역사를
> 천착하여
> 민족혼 되찾아서
>
> 한문화(韓文化)
> 그 웅대함을
> 전 세계에 전하리
>
> —「한류」 전문

이완순 시인은 한류를 민족혼으로 승화시키고 있다. 원래 우리민족은 유교사상을 숭배하여 남녀 칠세 부동석이라 하여 칠세가 되면서부터 남녀가 자리를 함께하지 않았으며 살갗노출을 피해 긴 옷을 입었다. 시대가 변해 우리의 자녀들이 서양, 특히 미국으로 유학을 한

후부터 서양문화가 유입되었다. 한 때는 서양문화가 노·장년층에 심한 거부감을 일으키거나 문화적 충동이 있었으나 우리문화는 어느 새 서양의 문화와 결합되어 새로운 한류문화가 생겨났다. 한류문화가 세계 각국으로 퍼지면서 우리말에 관심을 갖게 되어 한국어를 배우려는 경향이 생겼고 우리의 역사나 외교가 강한 시너지 효과를 얻고 있다. 그래서 화자는 이러한 현상을 긍정적으로 보면서 역사를 깊이 연구하여 민족혼을 되찾고 전 세계에 전하고 싶다는 역사의식을 보이고 있다.

3. 사랑의 고독

이완순 시인의 작품 속에는 사랑을 모티브로 한 내용이 많은 편이다. A. Maslow는 인간의 욕구를 다섯 단계로 나누는데 생리적 욕구, 안전의 욕구, 애정의 욕구, 자존의 욕구, 자아실현의 욕구로 분류하면서 삼각형을 5등분하여 가장 아랫부분이 생리적 욕구부터 맨 윗 단계를 자아실현의 욕구로 점층적 구조를 밝혀왔으나 애정의 욕구를 중요시 하는 경우 애정을 더 높은 상위 단계로 구분하기도 한다. 이처럼 인간세계에서 애정의 욕구는 중요하고 필연적이라 할 수 있다. 애정은 개인차가 크다고 볼 수 있으나 순리대로 되는 것이 아니고 역경과 시련, 때로는 부도덕이 사회를 어지럽히고 있다. 인간의 정신세계를 연구한 프로이드는 인간의 마음속에 이드, 초자아, 자아가 있다고 보고 있다. 이드는 욕망을, 초자아는 도덕과 윤리의 양심을, 자아는 이 둘 사이의 중계자로 보고 있다. 애정을 욕망의 대상으로 보면 초자아가 윤리적으로 통제하고 이를 해결하기 위해 더 강력한 힘을 가진 자아가 필요하다 했다. 이완순 시인 역시 이드와 초자아 사이의 갈등국면을 엿볼 수 있다.

> 하늘도/ 풀지 못한/ 운명의 소용돌이// 온 밤을 서성이다/ 여명에 타오르는// 열여섯/ 어린 궁녀의/ 낮달 같은/ 그리움// 고통의/ 섞사귐을/ 부도(婦道)로/ 견뎌내며// 선도(禪道)에/ 들어가서/ 지은 업(業) 불사른다,/ 단 한번/ 입은 승은을/ 목숨처럼 받들고
>
> —「능소화」 전문

능소화는 여름에 깔때기 모양의 주황색 꽃이 핀다. 주황색이 임금의 의상을 상징한다고 하여 궁궐에서 심고, 일반 백성들의 가정에 심는 것이 법으로 금지되었다고 한다. 단 한 번의 승은을 목숨처럼 받들고 평생을 살아야 하는 열여섯 어린 궁녀의 아픔을 죄업으로 받아들이고 있다. 하늘도 풀어내지 못한 운명으로 규정짓고 부녀

의 도를 지켜내는 아픔은 사랑이라기보다 차라리 가혹한 형벌에 가깝다. 이완순 시인은 능소화를 궁궐 내의 궁녀를 치환시켜 궁녀의 아픔을 떠올리고 있다. 인간욕구 중의 하나인 애정의 욕구가 실현되지 못한 것은 형벌에 가까운 고통일 수 있다. 능소화 색깔의 화사함과 임금의 의상이 상징하는 색깔 속에 감춰진 비극을 화자는 놓치지 않고 궁녀의 한스러움을 표출하고 있으며 진정한 사랑이란 삶 속에서 만들어 가는 행복이라는 것을 암시하고 있다. 일반적으로 궁궐의 생활은 화려하고 부족함이 없을 것 같다는 생각에서 벗어나 외로울 것이란 생각에서 간극이 있으며 이것은 고스란히 화자의 고독으로 표출되고 있다.

빙판 위를 걷듯/ 가슴을 끌며 걷는다/ 예전엔 그래도/ 갈대의 갈채라도 있었는데/ 으스름한 초저녁에/ 모두가 하나 되어 흐느끼고 있다// 먼 산을 바라보면/ 주홍빛 홑적삼을 걸친 여인이/ 시시로 바람이 불 때마다/ 두려워 조금씩 먹물을 토한다/ 산그늘에 묻힌 강은/ 조용히 깊어지며 하늘을 품는다// 눈을 감고 걸으며/ 가만히 그녀를 불러본다/ 가슴에 추억 한 자락을 깔고/ 박꽃 같은 미소를 지어 날린다./ 나의 존재를 인지할지 모르지만/ 소슬한 바람 더불어 회심을 빈다.

—「강변을 거닐며」 전문

강변을 거닐며 느끼는 심상이다. 예전에는 갈대의 움

직임이 갈채로 여겼으나 지금은 흐느낌으로 화자의 심정이 변함을 감지할 수 있다. 갈대의 움직임이 먹물을 토하듯 주홍빛 홑적삼을 걸친 여인이 떠오른다. 3연에서는 직접적으로 그 여인을 끌어온다. 카메라의 앵글을 조작하여 원경을 근경으로 자세하게 확대하듯 박꽃 같은 그녀의 미소를 그려본다. 연인이건 어머니이건 추억 속의 여인이다. 추억한다는 것은 아쉬움이 동반되고 있으나 긍정적인 힘을 부여하는 동시에 서로 간의 합일점을 찾아내는 동력이 되기도 한다. 강변을 거닐며 갈대를 여인으로 치환하여 추억을 회자하는 것은 누구에게나 있을 법한 일이지만 느끼는 고독감은 모두 다를 것이다. 화자는 회심을 빈다는 긍정의 힘을 얻고 있음이 보통의 상실과 다르다 하겠다.

저 가슴이면
한이 얼마나 깊으랴
저 그리움이면
원(寃)이 얼마나 크랴

저 많은 세월이면
산을 움직이고 남겠다
저 눈빛으로 바라보면
부처도 돌아눕겠다.

아아, 저 슬픔이면
영혼이 얼마나 지치랴
미쳐 돌아가는 세상에서
누가 저리 순수할 수 있으랴

야속하다, 사랑이여!
한번쯤 뒤돌아 봐도 좋으련만
강물이 일어서도록 불러도
바람 앞에 갈대만 슬피 운다

—「달맞이꽃」 전문

달맞이꽃은 꽃 이름이자 글자의 뜻 그대로 달을 기다리는 말이 담긴 사랑스런 이름의 꽃이다. 달은 한 달에 한 번 그 모양이 나타난다. 언제나 달을 기다리는 달맞이 자체가 유구한 세월의 의미가 함축되어 있다. 달맞이꽃은 긴 세월을 기다리고 있다는 말의 의미와 겹쳐 이미지들의 비약적인 결합과 중의법으로 사용되고 있다. 이렇게 또 다른 뜻으로 변용하여 이미지를 생성하는 것을 언어학자 소쉬르는 시니피앙(記標)이나 시니피에(記意)로 구분했다. 이완순 시인은 〈색 쓰는 사람들에게〉에서도 이런 기법이 발견된다. '미술 전람회장에서'라는 부세로 보아 화가들이 그림을 그려 전시하는 전람회를 보고 '너를 현혹하는 색에서 벗어나라'고 또 다른 의미를 부여하는 시니피앙이나 시니피에는 여러 군데서 발견된다. 이런 기법을 차용하여 사랑하기에 견뎌야 하는 고독은 오히려 외롭지 않고 언제까지 기다릴 수 있는 세월을 그리고 있다. 어쩌면 이완순 시인의 사랑은 관계가 아니라 관심인 모양이다. 혼자만의 사랑인 모양이다. 저 가슴이면, 저 그리움이면 한이 되고 원이 되겠다고 한다. 긴 기다림이면 산을 움직이고 부처도 돌아눕겠다고 시간과 공간을 초월하는 끝없는 세월의 이미지로 변화시키고 있다. 기다림의 슬픔을 영혼으로 승화시켜 객관적으로 관조하고 있다. '미쳐 돌아가는 세상에'로 보아 타인을 대비시켜 순수를 강조하고 있다. 화자는 달맞이꽃을 시니피에로 작동시켜 기다릴 수 있다는 인고의 세월을 표출하고 있다. 한번쯤 뒤돌아봐도 좋으련만 강물이 일어서도록 불러 봐도 대답이 없어 갈대만 슬피 운다고 표출한 부분은 화자의 안타까움이 적나라하게 나타나 있다. 이 작품은 과장법, 이미지의 비약적인 결합, 꽃 이름과 우리 말 뜻의 의미 중첩이 만들어져 사랑의 다층구조를 이루고 있다.

더디더디 내리는 비
잘게 부서지는 생각의 부스러기들

그녀는 아직도 혼자 울고 있을까?
부처를 만나서 내 전생을 보아야겠다.
도대체 무엇이 문제인가?

— 「가을」 3연

붉은 입술로
그 고운 손으로
내 옷깃을 잡으면
밤새 가슴을 쓸어내려야한다

— 「저녁놀」 2연

"산삼도 장뇌삼도 먹은 적 없고,
먹은 것은 당신의 사랑이었어요."

— 「사랑」 마지막 연

이완순 시인은 〈가을비〉를 보고 여러 생각을 하고 있다. '그녀는 아직도 혼자 울고 있을까?'에서 지난 시절 화자의 의식을 따라가 보면 함께 할 수 없었던 알 수 없는 이유가 있어 부처를 만나 화자의 전생을 보아야겠다고 한다. 부처의 세계에서 현세 이후 내세에서는 현세의 삶의 방법에 따라 사람으로도, 짐승으로도 환생한다고 한다. 좀 부연하면 현세에서 선이나 악의 행위에 따라 내세에서 행복 또는 불행의 상태로 태어난다는 것으로 지옥, 아귀, 축생, 아수라, 인간, 천상 등 여섯 세계를 거친다는 일종의 윤회설이다. 화자는 이러한 생각을 가지고 전생에 무엇이었는지, 이유가 무엇인지를 살펴보고자 한다. 이루지 못한 사랑에 대한 고독이다.

〈저녁놀〉에서 아름다운 여자를 붉은 입술로, 고운 손으로 그리고 있다. 진정한 사랑이란 상대방과의 상호작용 속에 이루어지고 발전한다. 화자는 상호작용 속에 이루어지는 사랑보다 상대가 나를 적극적으로 나서주기를 바라고 있다. 화자가 상대의 옷깃을 잡은 것이 아니라 상대가 옷깃을 잡아주면 밤새 가슴을 쓸어내려야 한다고 피동적으로 움직이고 있다. 이러한 현상은 가슴과 머리 사이에서 오는 간극의 차이에서 올 것이다. 가슴에서는 붉은 입술과 고운 손의 여자를 흠모하고 있으나 머리에서는 냉철하게 판단하여 부정적인 판단을 내리고 있다. 고독은 간극의 차이에서 오는 심리기재로 화자의 속마음을 엿볼 수 있다. 물론 이러한 현상은 저녁놀의 아름다운 현상을 치환한 것이다.

〈사랑〉에서는 가난한 환경에서 만나 부단한 노력으로 시동생들 학교 뒷바라지하고 이제 여유가 생겨갈 무렵 아내가 암이란 병을 얻어 장뇌삼을 구해 산삼이라 말하고 먹인 후 아내가 거짓말 같이 나았다. 차마 양심을 속일 수 없어 장뇌삼이라 말하니 아내는 장뇌삼도 먹은 적 없고 산삼도 먹은 적이 없고 오직 먹은 것은 당신의 사랑이라고 말한다. 사랑하는 이에게 따뜻한 가슴을 보이고 믿음이 생기면 긍정의 힘이 생기는 것이라고 역설적으로 강조하고 있다. 시의 내용이 구체적인 일상의 현실임에 비추어 화자 자신의 경험일 수도 있고 타인의 체험일 수도 있으나 분명한 건 화자 자신이 깊은 아픔을 겪어가는 혼자만의 고독이다. 고독은 삶을 감내하는 힘이 될 수 있고 또 다른 관계를 맺으며 발전할 수도 있다.

끝으로 이완순 시인의 시조와 시는 내용면에서 그만이 겪는 고독한 현상을 나타내고 있으며 주로 세 가지 내용을 살펴볼 수 있다. 죄의식과 역사의식, 사랑의식으로 자발적이고 긍정적인 고독을 표출한다는 점에서 탄탄하게 시를 직조해가고 있음이 믿음직스럽다. 고독이란 혼자만의 심성을 느끼는 정서로 이상과 현실에서 오는 불일치가 만들어 내는 간극이다. 그의 시집 「해인(海印)을 찾다」를 읽으면서 고독은 일반적으로 대면 관계의 소외에서 오는 우울이거나 슬픈 감정은 아니라는 점이 읽는 이에게 위안이 된다. 이완순 시인의 고독은 혼자서 자기내면을 깊숙하게 들여다보는 관조의 과정을 거쳐 삶에서 필요한 에너지의 원동력을 얻고 지혜를 터득하여 자신을 보다 발전시키고 있다. 그의 고독은 현재보다 더 풍요로운 내적 삶을 구사하는 정서라는 점을 강조해두며 마친다.

海印을 찾다

이완순 시집

발 행 일 | 2014년 4월 25일
지 은 이 | 이완순
발 행 인 | 李憲錫
발 행 처 | 오늘의문학사
출판등록 | 제55호(1993년 6월 23일)
주 소 | 대전 동구 대전로867번길 52(한밭오피스텔 401호)
전화번호 | (042)624-2980
팩시밀리 | (042)628-2983
홈페이지 | http://www.lito77.co.kr(홈페이지)
전자우편 | hs2980@hanmail.net

공 급 처 | 한국출판협동조합
주문전화 | (070)7119-1741~2
팩시밀리 | (031)944-8234~6

ISBN 978-89-5669-612-6
값 10,000원

문학사랑 시인선 양장본

001	전태익	눈빛 닿는 곳마다
002	리헌석	갈채하는 숲
003	상동규	수직으로 일어서면 수평으로 눕는 바다
004	정재권	대나무를 충고한다
005	조남익	기다린 사람들이 온다
006	정진석	아름답고 향기로운 사람꽃
007	양태의	혼자 우는 뒷북
008	리헌석	섬바위
009	이순조	하늘 닮은 사랑
010	김명배	몸 밖에 마음 두고
011	김기양	김기양의 허수아비
012	경홍수	솔바람의 향기
013	이완순	세상 위에 나를 그리다
014	오희용	이야기 나무
015	곽우희	여전히 푸르고
016	조근호	바람의 동행
017	김영우	길 따라 물길을 따라
018	조남익	광야의 씨앗
019	지봉성	고도
020	이근풍	아침에 창을 열면